escuela - mokykla		2
viaje - kelionė		5
transporte - transportas		8
ciudad - miestas		10
paisaje - kraštovaizdis		14
restaurante - restoranas		17
supermercado - prekybos centras		20
bebida - gėrimai		22
comida - maistas		23
granja - ūkininko ūkis		27
casa - namas		31
cuarto de estar - svetainė		33
cocina - virtuvė		35
cuarto de baño - vonios kambarys		38
cuarto de los niños - vaiko kambarys		42
vestimenta - drabužis		44
oficina - biuras		49
economía - ekonomika		51
ocupaciones - profesijos		53
herramientas - įrankiai		56
instrumentos musicales - muzikos instrumentai		57
zoológico - zoologijos sodas		59
deporte - sportas		62
actividades - užsiėmimai		63
familia - šeima		67
cuerpo - kūnas		68
hospital - ligoninė		72
emergencia - nelaimingas atsitikimas		76
Tierra - Žemė		77
reloj - laikrodis		79
semana - savaitė		80
año - metai		81
formas - formos		83
colores - spalvos		84
opuestos - priešingos reikšmės žodžiai		85
números - skaičiai		88
idioma - kalbos		90
quién / qué / cómo - kas / ką / kaip		91
donde - kur		92

AF187823

Impressum
Verlag: BABADADA GmbH, Nedderfeld 112 , 22529 Hamburg
Geschäftsführer / Verlagsleitung: Harald Hof
Druck: Books on Demand GmbH, In de Tarpen 42, 22848 Norderstedt

Imprint
Publisher: BABADADA GmbH, Nedderfeld 112 , 22529 Hamburg, Germany
Managing Director / Publishing direction: Harald Hof
Print: Books on Demand GmbH, In de Tarpen 42, 22848 Norderstedt, Germany

escuela
mokykla

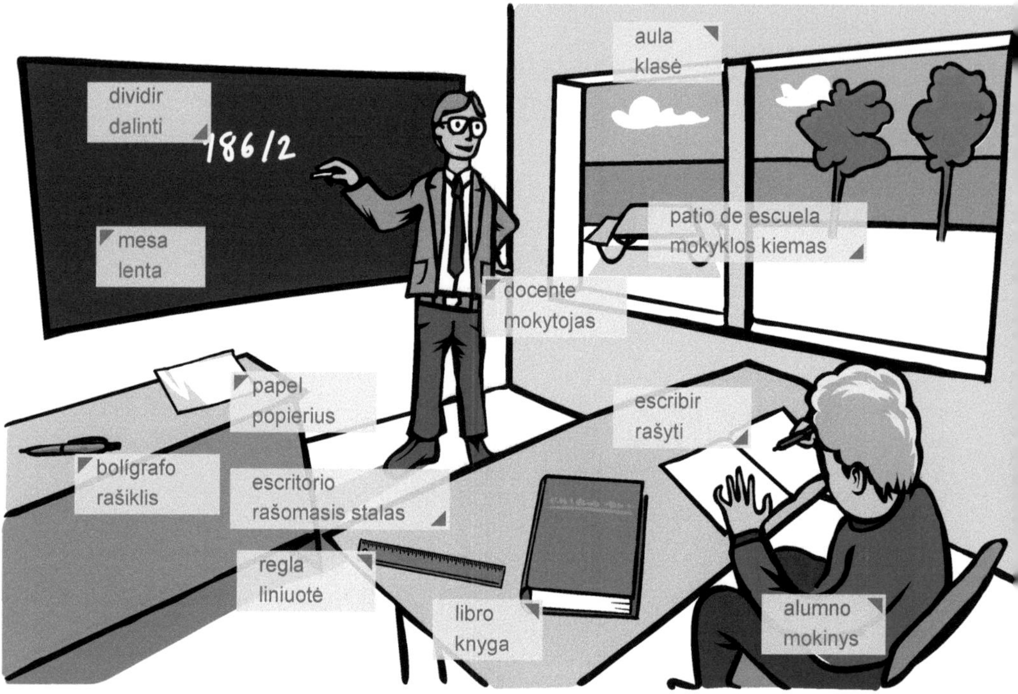

aula
klasė
dividir
dalinti
186/2
mesa
lenta
patio de escuela
mokyklos kiemas
docente
mokytojas
papel
popierius
escribir
rašyti
bolígrafo
rašiklis
escritorio
rašomasis stalas
regla
liniuotė
libro
knyga
alumno
mokinys

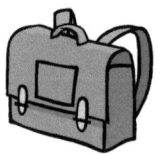

mochila escolar
kuprinė

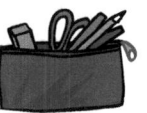

caja de lápices
penalas

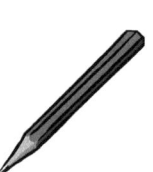

lápiz
pieštukas

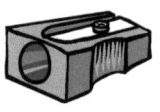

sacapuntas
drožtukas

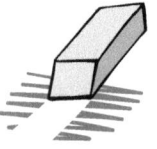

goma de borrar
trintukas

bloc de dibujo
piešimo bloknotas

dibujo
....
piešinys

pincel
....
teptukas

caja de pinturas
....
dažų dėžutė

tijera
....
žirklės

pegamento
....
klijai

libro de ejercicios
....
vadovėlis

tarea
....
namų darbai

número
....
numeris

sumar
....
pridėti

restar
....
atimti

multiplicar
....
dauginti

calcular
....
skaičiuoti

letra
....
raidė

alfabeto
....
abėcėlė

palabra
....
žodis

texto

tekstas

leer

skaityti

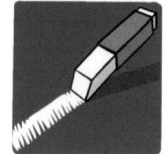

tiza

kreida

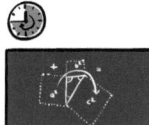

lección

pamoka

libro de clase

dienynas

examen

egzaminas

certificado

pažymėjimas

uniforme escolar

mokyklinė uniforma

educación

išsilavinimas

enciclopedia

enciklopedija

universidad

universitetas

microscopio

mikroskopas

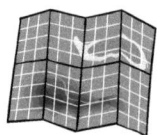

mapa

žemėlapis

cesto de papeles

šiukšliadėžė

viaje
kelionė

hotel
viešbutis
albergue
svečių namai
ROOMS
EXCHANGE
casa de cambio
valiutos keitykla
maleta
lagaminas
auto
mašina

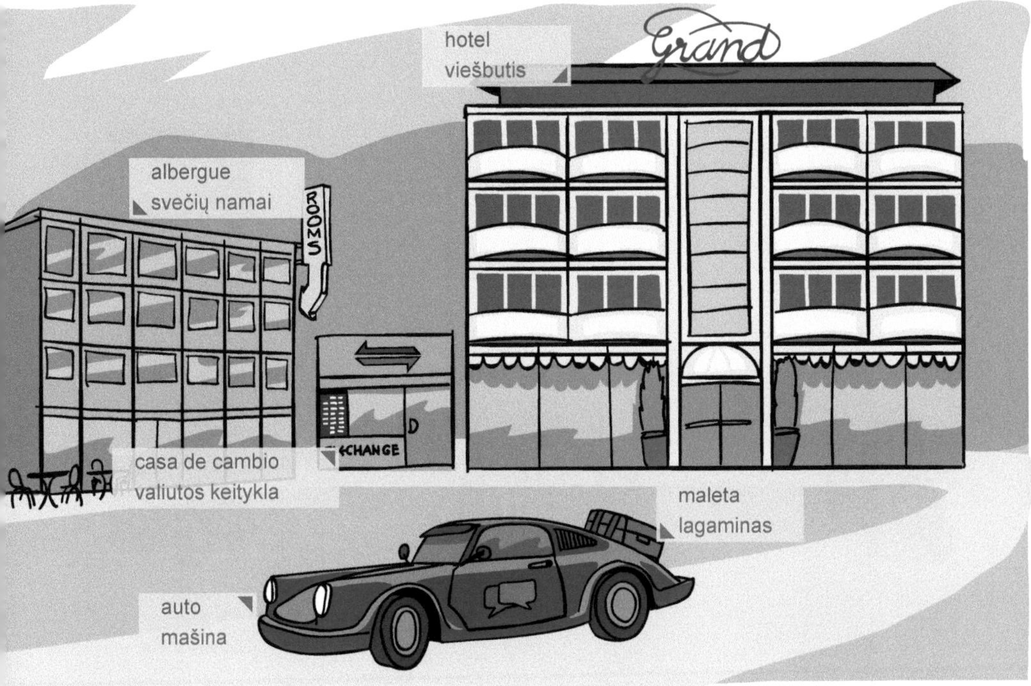

idioma

kalba

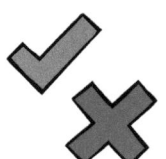

sí / no

taip / ne

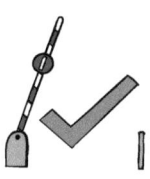

ok

Gerai

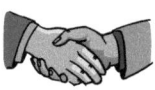

hola

sveiki

intérprete

vertėjas raštu

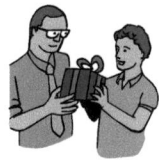

gracias

Ačiū

¿Cuánto cuesta...?

kiek kainuoja...?

No entiendo

aš nesuprantu

problema

problema

¡Buenas tardes!

Labas vakaras!

¡Buenos días!

Labas rytas!

¡Buenas noches!

Labos nakties!

adiós

viso gero

dirección

kryptis

equipaje

bagažas

bolso

krepšys

mochila

kuprinė

invitado

svečias

cuarto

kambarys

saco de dormir

miegmaišis

tienda de campaña

palapinė

información al turista

turizmo informacija

playa

paplūdimys

tarjeta de crédito

kreditinė kortelė

desayuno

pusryčiai

almuerzo

pietūs

cena

vakarienė

pasaje

bilietas

ascensor

liftas

sello

pašto ženklas

límite

siena

aduana

muitinė

embajada

ambasada

visa

viza

pasaporte

pasas

viaje - kelionė

transporte
transportas

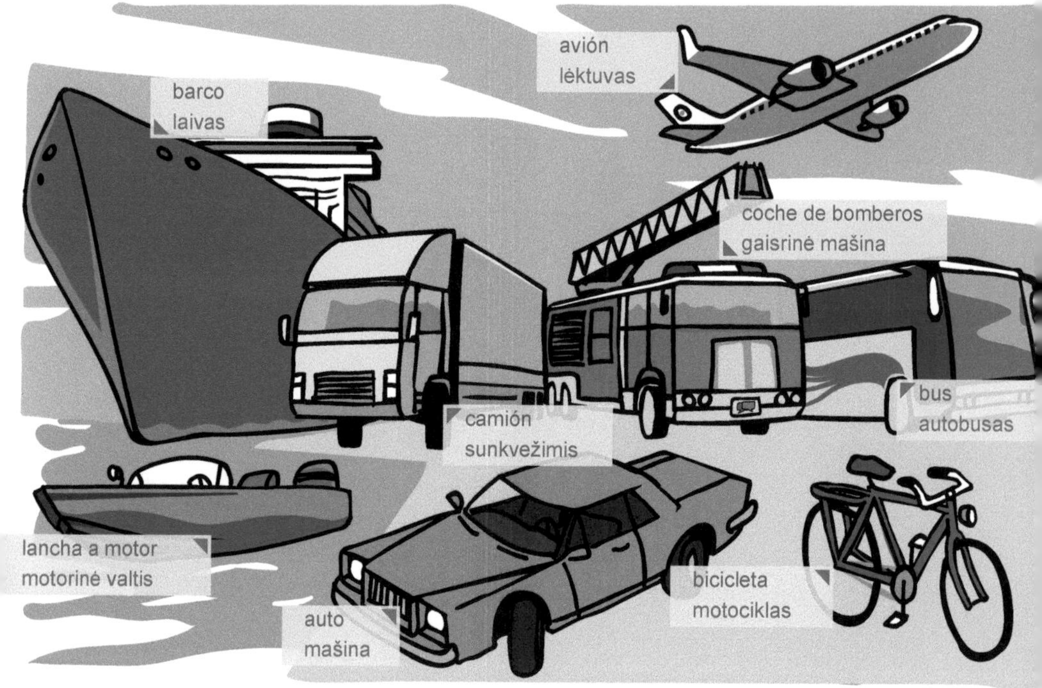
avión
lėktuvas
barco
laivas
coche de bomberos
gaisrinė mašina
bus
autobusas
camión
sunkvežimis
lancha a motor
motorinė valtis
bicicleta
motociklas
auto
mašina

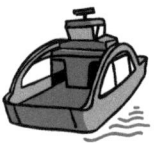

balsa
keltas

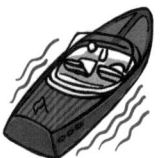

lancha
valtis

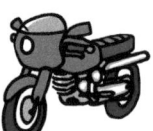

motocicleta
mopedas

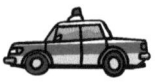

auto de policía
policijos automobilis

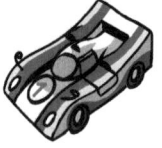

auto de carreras
lenktyninis automobilis

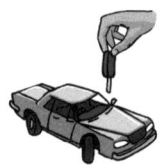

auto de alquiler
nuomojamas automobilis

alquiler de autos

bendras automobilio naudojimas

grúa

techninės pagalbos automobilis

vehículo recolector de basura

šiukšliavežė

motor

variklis

gasolina

degalai

gasolinera

degalinė

señal de tráfico

kelio ženklas

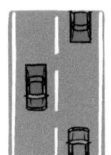

tránsito

eismas

atasco

eismo spūstis

estacionamiento

mašinų stovėjimo aikštelė

estación de tren

traukinių stotis

carril

bėgiai

tren

traukinys

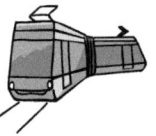

tranvía

tramvajus

vagón

vagonas

helicóptero

sraigtasparnis

aeropuerto

oro uostas

torre

bokštas

pasajero

keleivis

contenedor

konteineris

caja de cartón

dėžė

carro

vežimėlis

cesta

krepšys

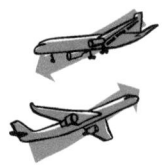

despegar / aterrizar

pakilti / nusileisti

ciudad

miestas

aldea

kaimas

centro de la ciudad

miesto centras

casa

namas

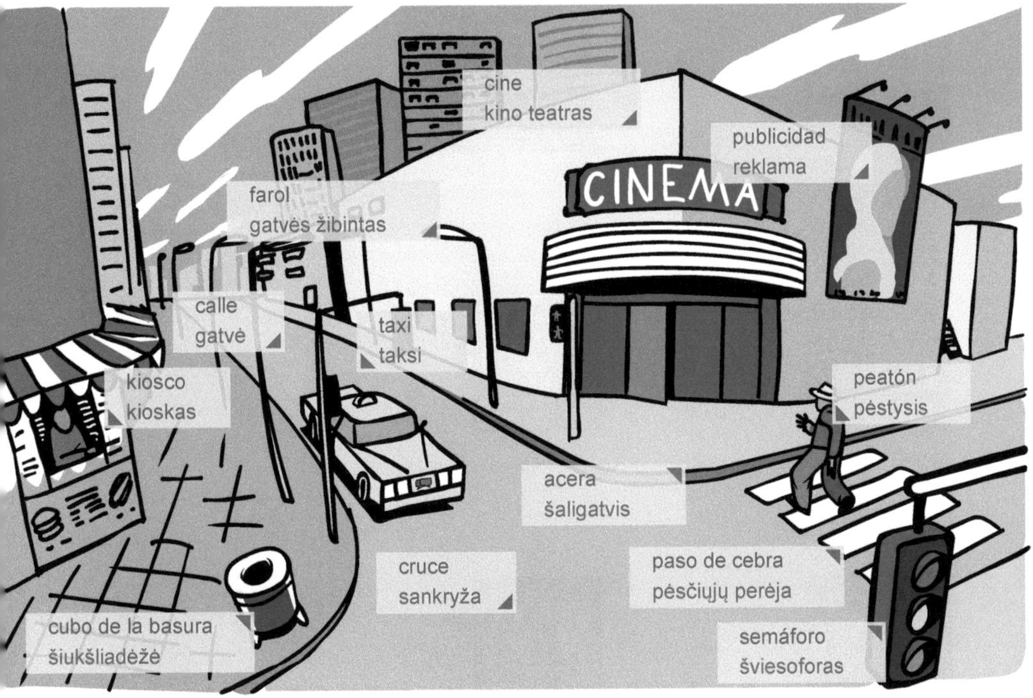

cine
kino teatras

publicidad
reklama

farol
gatvės žibintas

calle
gatvė

taxi
taksi

kiosco
kioskas

peatón
pėstysis

acera
šaligatvis

cruce
sankryža

paso de cebra
pėsčiųjų perėja

cubo de la basura
šiukšliadėžė

semáforo
šviesoforas

CINEMA

cabaña

trobelė

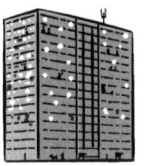

apartamento

butas

estación de tren

traukinių stotis

ayuntamiento

rotušė

museo

muziejus

escuela

mokykla

ciudad - miestas

universidad

universitetas

banco

bankas

hospital

ligoninė

hotel

viešbutis

farmacia

vaistinė

oficina

biuras

librería

knygynas

negocio

parduotuvė

florería

gėlių parduotuvė

supermercado

prekybos centras

mercado

turgus

grandes almacenes

universalinė parduotuvė

pescadería

žuvies parduotuvė

centro comercial

prekybos centras

puerto

uostas

parque
parkas

banco
suoliukas

puente
tiltas

escalera
laiptai

metro
metro

túnel
tunelis

parada de autobuses
autobusų stotelė

bar
baras

restaurante
restoranas

buzón de correo
lauko pašto dėžutė

letrero
kelio ženklas

parquímetro
parkomatas

zoológico
zoologijos sodas

piscina
baseinas

mezquita
mečetė

granja

ūkininko ūkis

polución

tarša

cementerio

kapinės

iglesia

bažnyčia

parque infantil

žaidimų aikštelė

templo

šventykla

paisaje
kraštovaizdis

hoja
lapas

indicador de camino
kelio rodyklė

sendero
kelias

pradera
pieva

piedra
akmuo

caminante
ėjikas

árbol
medis

río
upė

pasto
žolė

flor
gėlė

valle
slėnis

montaña
kalva

lago
ežeras

bosque
miškas

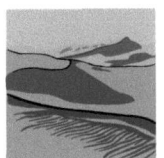

desierto
dykuma

volcán
ugnikalnis

castillo
pilis

arco iris
vaivorykštė

seta
grybas

palmera
palmė

mosquito
uodas

mosca
musė

hormiga
skruzdėlė

abeja
bitė

araña
voras

escarabajo

vabalas

rana

varlė

ardilla

voverė

erizo

ežys

liebre

kiškis

lechuza

pelėda

pájaro

paukštis

cisne

gulbė

jabalí

šernas

ciervo

elnias

alce

briedis

embalse

užtvanka

aerogenerador

vėjo jėgainė

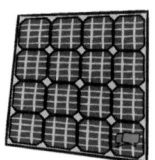

módulo solar

saulės baterija

clima

klimatas

restaurante

restoranas

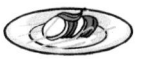

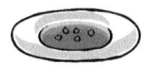

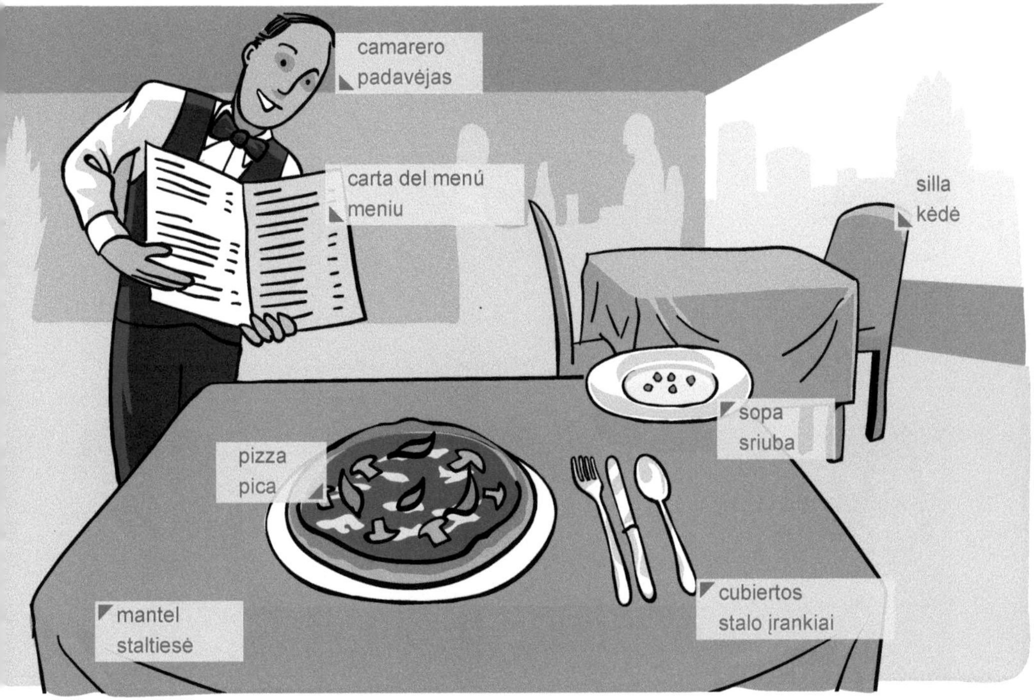

camarero
padavėjas
carta del menú
meniu
silla
kėdė
sopa
sriuba
pizza
pica
cubiertos
stalo įrankiai
mantel
staltiesė

entrada
užkandis

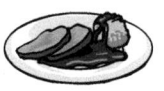

plato principal
pagrindinis patiekalas

postre
desertas

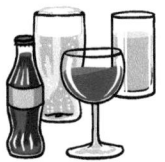

bebida
gėrimai

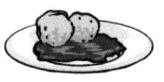

comida
maistas

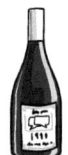

botella
butelis

comida rápida

greitai pateikiamas maistas

comida callejera

gatvės maistas

tetera

arbatinukas

azucarera

cukrinė

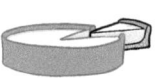

porción

porcija

máquina de espresso

espreso aparatas

silla alta

aukšta kėdė

factura

sąskaita

bandeja

padėklas

cuchillo

peilis

tenedor

šakutė

cuchara

šaukštas

cuchara de té

arbatinis šaukštelis

servilleta

servetėlė

vaso

stiklinė

plato
lėkštė

plato de sopa
sriubos lėkštė

platillo
padėklas

salsa
padažas

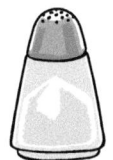

salero
druskinė

molinillo para pimienta
pipirų malūnėlis

vinagre
actas

aceite
aliejus

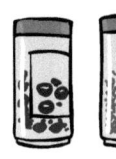

especias
prieskoniai

ketchup
kečupas

mostaza
garstyčios

mayonesa
majonezas

supermercado
prekybos centras

oferta
specialus pasiūlymas
FOR
cliente
pirkėjas
productos lácteos
pieno produktai
fruta
vaisiai
carrito de compras
troleibusas

BUTCHERS

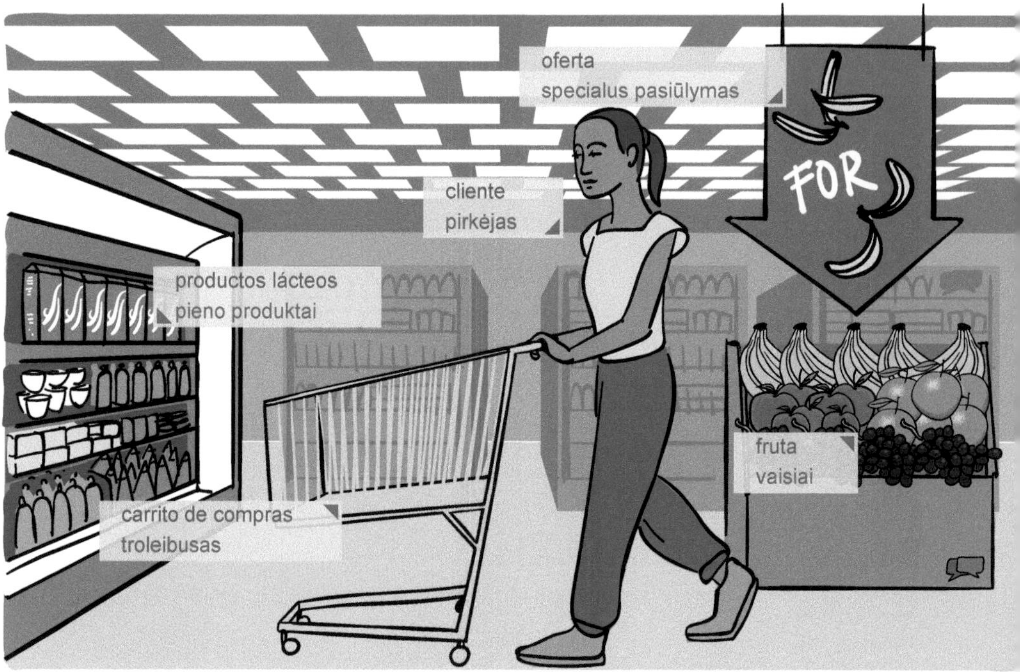

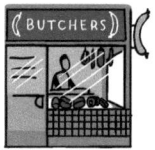

carnicería

mėsos parduotuvė

BAKERY

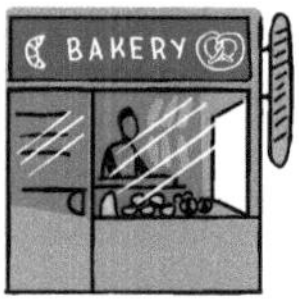

panadería

kepykla

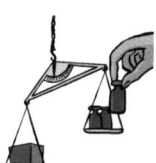

pesar

sverti

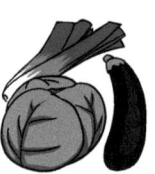

verdura

daržovės

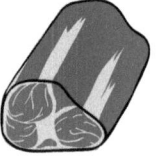

carne

mėsa

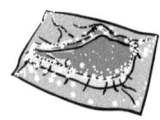

alimentos congelados

šaldytas maistas

fiambre

šalti mėsos užkandžiai

conservas

konservai

detergente en polvo

skalbimo milteliai

dulces

saldumynai

artículos domésticos

ūkinės prekės

productos de limpieza

valymo priemonės

vendedora

pardavėja

caja

kasos aparatas

cajero

kasininkas

lista de compras

pirkinių sąrašas

horario de atención

darbo valandos

cartera

piniginė

tarjeta de crédito

kreditinė kortelė

maleta

maišelis

bolsa plástica

plastikinis maišelis

agua

vanduo

jugo

sultys

leche

pienas

refresco de cola

kola

vino

vynas

cerveza

alus

alcohol

alkoholis

cacao

kakava

té

arbata

café

kava

espresso

espresas

cappuccino

kapučinas

banana

bananas

manzana

obuolys

naranja

apelsinas

sandía

arbūzas

limón

citrina

zanahoria

morka

ajo

česnakas

bambú

bambukas

cebolla

svogūnas

seta

grybas

nueces

riešutai

fideos

makaronai

espagueti

spagečiai

arroz

ryžiai

ensalada

salotos

patatas fritas

traškučiai

patatas salteadas

keptos bulvės

pizza

pica

hamburguesa

mėsainis

sándwich

sumuštinis

escalope

pjausnys

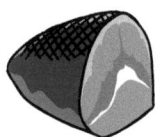

jamón

kumpis

salame

saliamis

embutido

dešrelė

pollo

vištiena

asado

kepsnys

pescado

žuvis

copos de avena

avižų dribsniai

musli

dribsniai su priedais

copos de maíz tostado

kukurūzų dribsniai

harina

miltai

croissant

prancūziškasis ragelis

panecillo

bandelė

pan

duona

tostada

skrebutis

galletas

sausainiai

mantequilla

sviestas

cuajada

varškė

pastel

tortas

huevo

kiaušinis

huevo frito

kiaušinienė

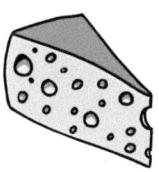

queso

sūris

helado
ledai

azúcar
cukrus

miel
medus

mermelada
uogienė

praliné
tepamas šokoladas

curry
karis

comida - maistas

granja
ūkininko ūkis

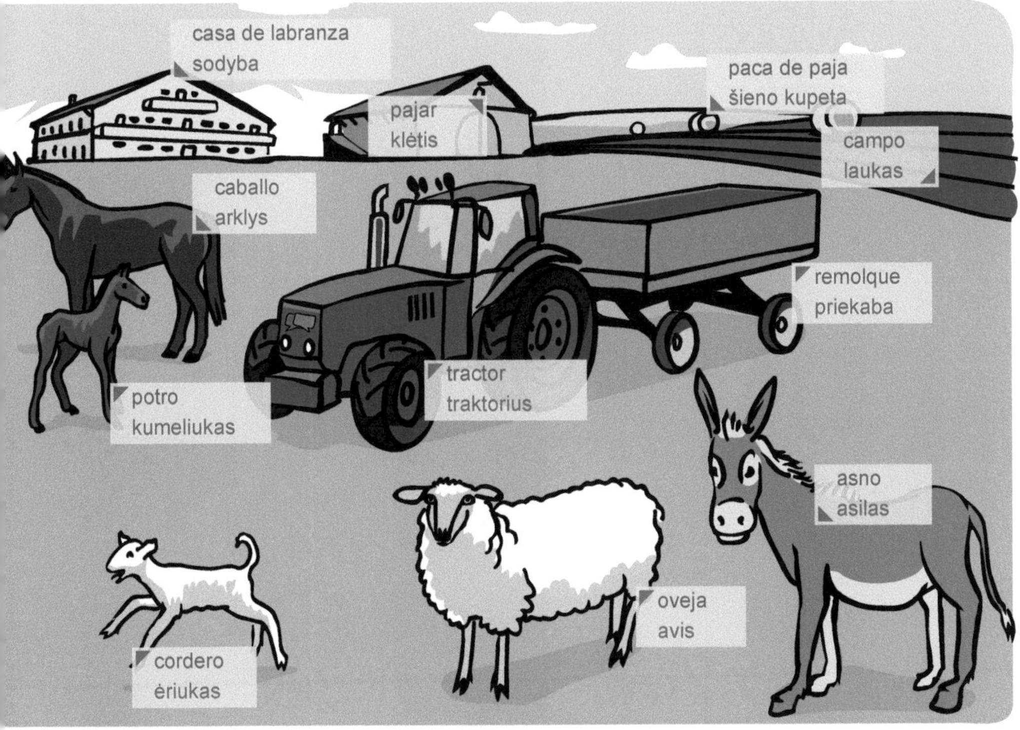

casa de labranza
sodyba
pajar
klėtis
paca de paja
šieno kupeta
campo
laukas
caballo
arklys
remolque
priekaba
potro
kumeliukas
tractor
traktorius
asno
asilas
oveja
avis
cordero
ėriukas

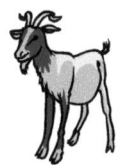

cabra

ožys

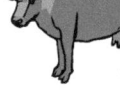

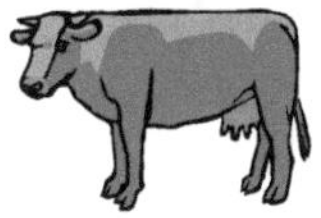

vaca

karvė

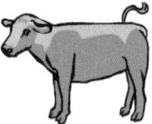

ternero

veršis

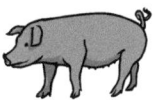

cerdo

kiaulė

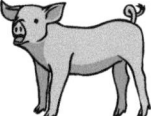

lechón

paršelis

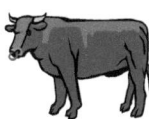

toro

bulius

ganso

žąsis

pato

antis

polluelo

viščiukas

pollo

višta

gallo

gaidys

rata

žiurkė

gato

katė

ratón

pelė

buey

jautis

perro

šuo

caseta del perro

šuns būda

manguera de riego

sodo namas

regadera

laistytuvas

guadaña

dalgis

arado

plūgas

hoz

pjautuvas

azada

kauptukas

bieldo

šakės

hacha

kirvis

carretilla

statinė

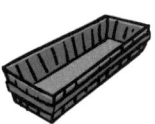

abrevadero

lovys

lechera

bidonas

saco

maišas

cerca

tvora

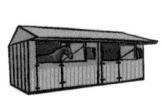

establo

arklidė

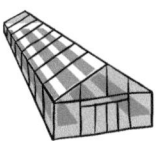

invernadero

šiltnamis

suelo

dirva

semilla

sėkla

fertilizante

trąšos

cosechadora

kombainas

cosechar

rinkti

cosecha

derlius

raíz de ñame

saldžiosios bulvės

trigo

kviečiai

soja

soja

patata

bulvė

maíz

kukurūzai

colza

rapsai

Árbol frutal

vaismedis

mandioca

manijokas

cereales

grūdai

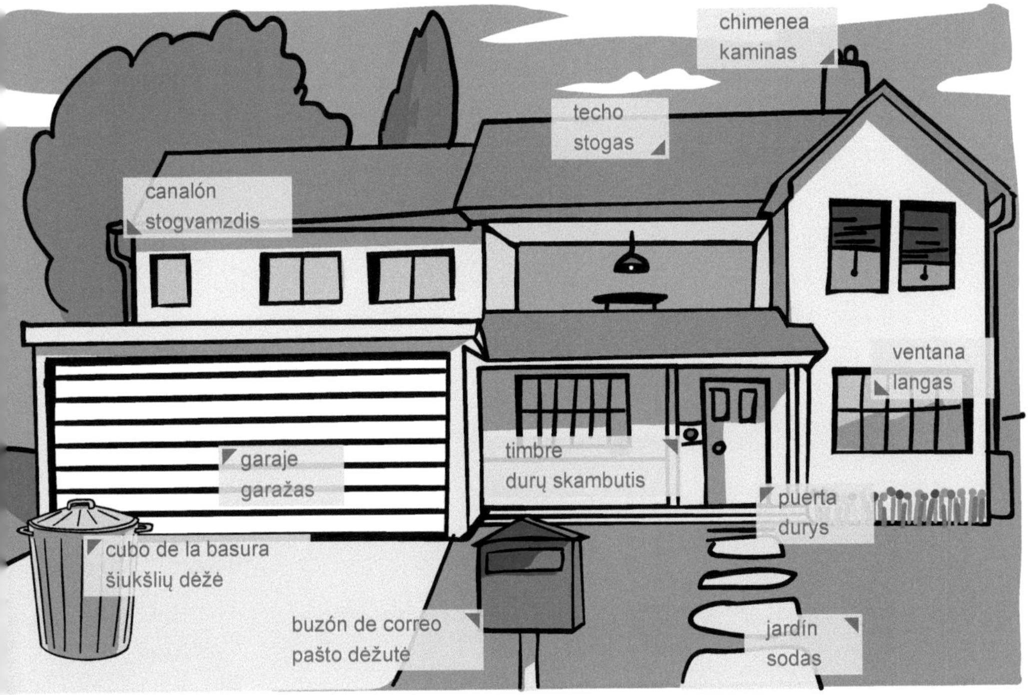

chimenea
kaminas

techo
stogas

canalón
stogvamzdis

ventana
langas

garaje
garažas

timbre
durų skambutis

puerta
durys

cubo de la basura
šiukšlių dėžė

buzón de correo
pašto dėžutė

jardín
sodas

cuarto de estar

svetainė

cuarto de baño

vonios kambarys

cocina

virtuvė

dormitorio

miegamasis

cuarto de los niños

vaiko kambarys

comedor

valgomasis

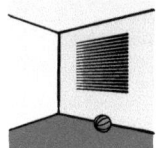

piso
grindys

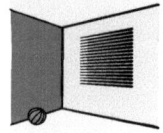

pared
siena

cielorraso
lubos

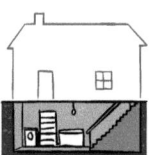

sótano
rūsys

sauna
sauna

balcón
balkonas

terraza
terasa

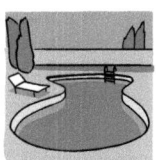

piscina
baseinas

cortacésped
žoliapjovė

funda nórdica
paklodė

edredón
lovatiesė

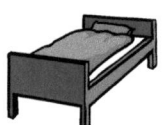

cama
lova

escoba
šluota

cubo
kibiras

interruptor
jungiklis

cuarto de estar

svetainė

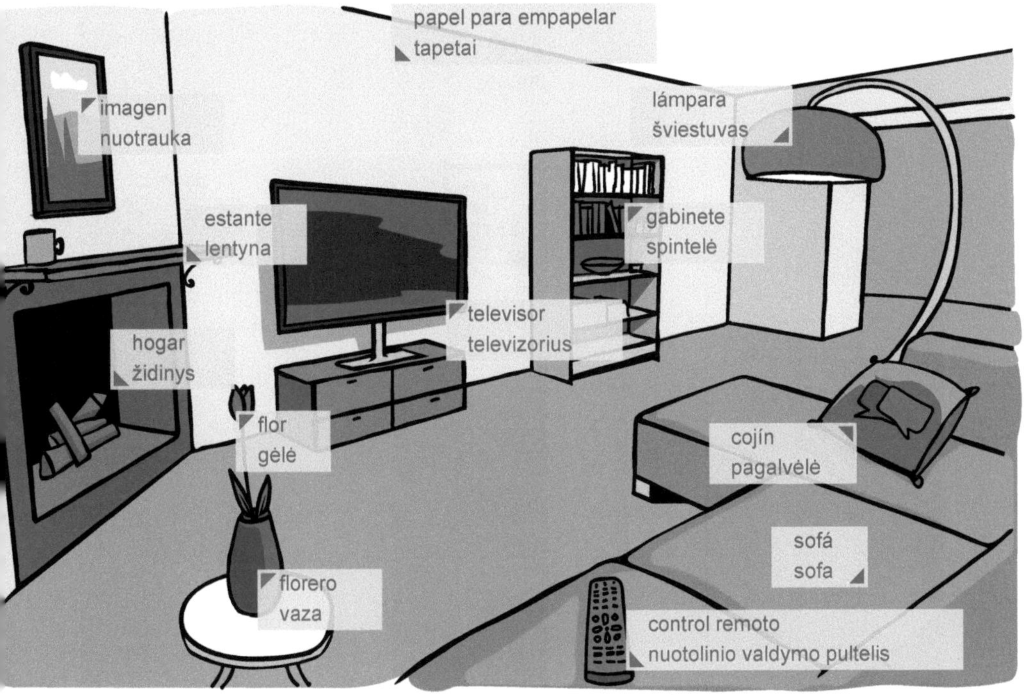

papel para empapelar
tapetai
imagen
nuotrauka
lámpara
šviestuvas
estante
lentyna
gabinete
spintelė
televisor
televizorius
hogar
židinys
flor
gėlė
cojín
pagalvėlė
sofá
sofa
florero
vaza
control remoto
nuotolinio valdymo pultelis

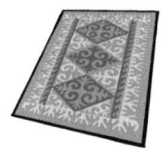

alfombra

kilimas

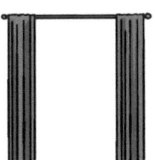

cortina

užuolaida

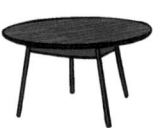

mesa

stalas

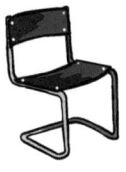

silla

kėdė

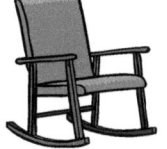

mecedora

supamasis krėslas

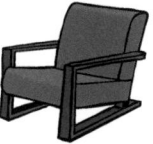

sillón

fotelis

libro
knyga

frazada
antklodė

decoración
papuošimai

leña
malkos

film
filmas

equipo estereofónico
stereo aparatūra

llave
raktas

periódico
laikraštis

cuadro
paveikslas

póster
plakatas

radio
radijas

bloc de notas
užrašų knygelė

aspiradora
dulkių siurblys

cactus
kaktusas

vela
žvakė

cocina
virtuvė

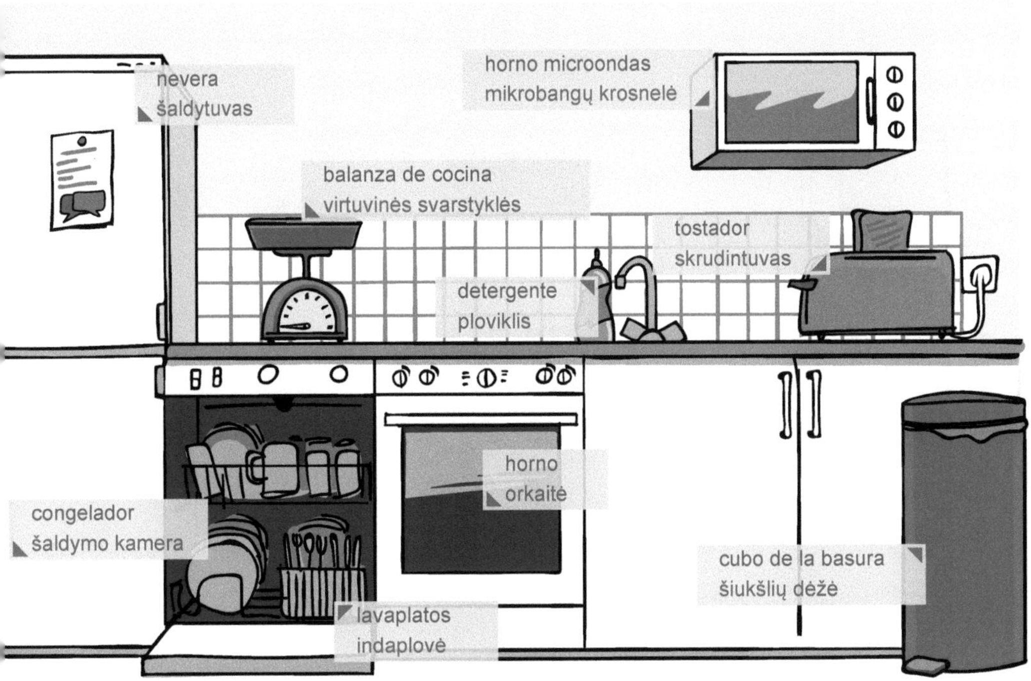

nevera
šaldytuvas
horno microondas
mikrobangų krosnelė
balanza de cocina
virtuvinės svarstyklės
tostador
skrudintuvas
detergente
ploviklis
horno
orkaitė
congelador
šaldymo kamera
cubo de la basura
šiukšlių dėžė
lavaplatos
indaplovė

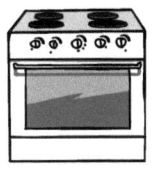

cocina
....
viryklė

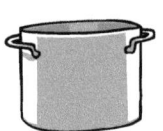

olla
....
puodas

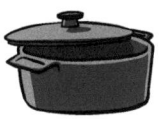

olla de fundición de hierro
....
ketaus puodas

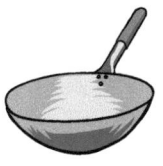

wok / kadai
....
„wok“ keptuvė

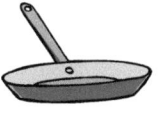

sartén
....
keptuvė

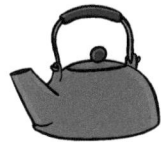

hervidor de agua
....
virdulys

olla de vapor

garų puodas

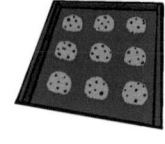

bandeja de horno

kepimo skarda

vajilla

porceliano indai

vaso

puodelis

bol

dubuo

palillos para comer

valgomosios lazdelės

cucharón de sopa

samtis

espátula

mentelė

batidor

plaktuvas

colador

koštuvas

cedazo

sietas

rallador

trintuvė

mortero

grūstuvė

parrillada

kepsninė

fogata

atvira liepsna

tabla de picar

pjaustymo lentelė

rodillo

kočėlas

sacacorchos

kamščiatraukis

lata

skardinė

abrelatas

skardinių atidarytuvas

agarrador

puodkėlė

fregadero

kriauklė

cepillo

šepetys

esponja

kempinė

batidora

trintuvas

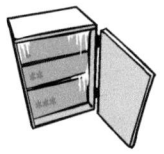

arcón congelador

šaldiklis

biberón

kūdikių buteliukas

grifo

čiaupas

cuarto de baño

vonios kambarys

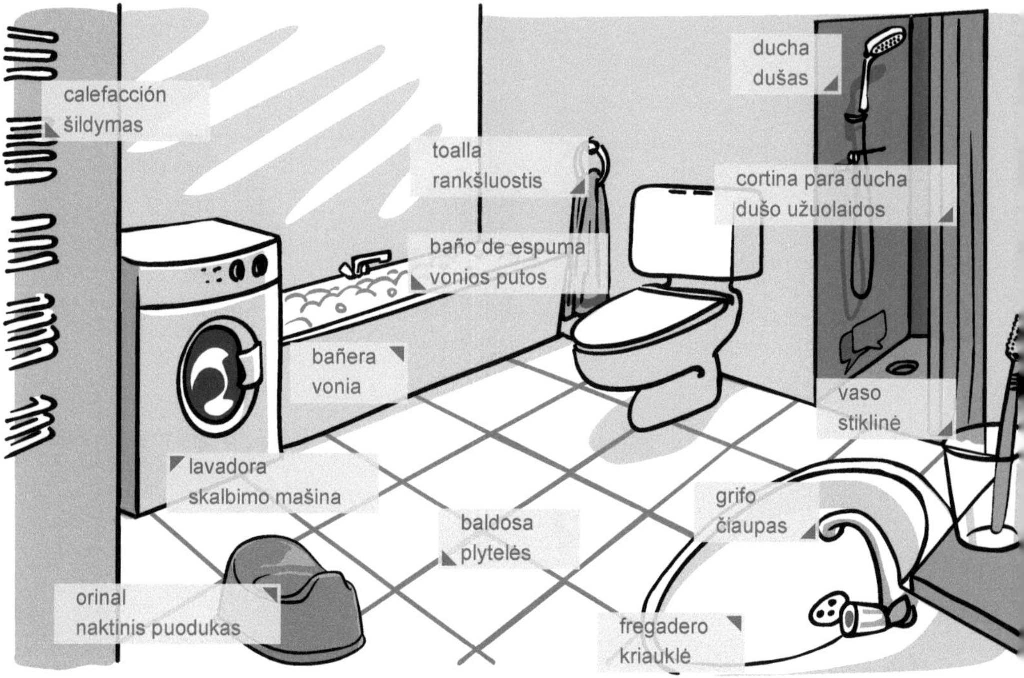

ducha
dušas
calefacción
šildymas
toalla
rankšluostis
cortina para ducha
dušo užuolaidos
baño de espuma
vonios putos
bañera
vonia
vaso
stiklinė
lavadora
skalbimo mašina
grifo
čiaupas
baldosa
plytelės
orinal
naktinis puodukas
fregadero
kriauklė

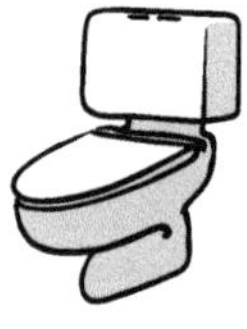

cuarto de baño

unitazas

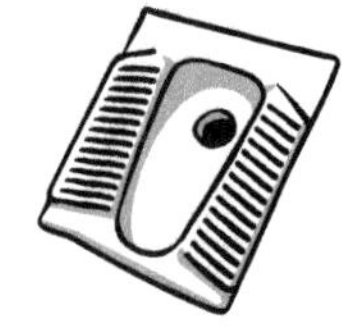

placa turca

tupimasis unitazas

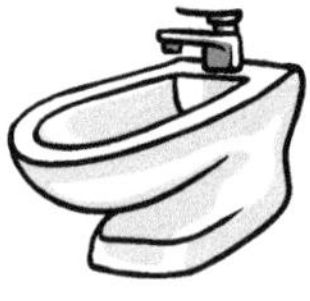

bidé

bidė

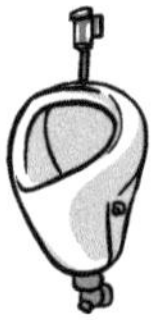

urinario

pisuaras

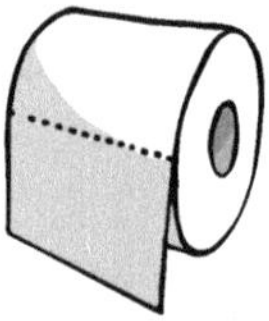

papel higiénico

tualetinis popierius

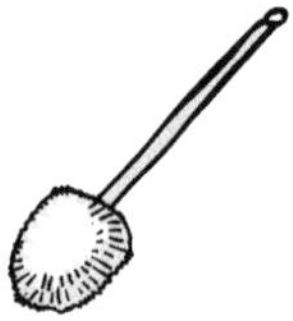

escobilla para el cuarto de baño

unitazo šepetys

cepillo de dientes

dantų šepetėlis

pasta dentífrica

dantų pasta

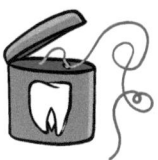

seda dental

dantų siūlas

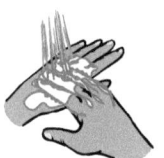

lavar

plauti

ducha teléfono

dušo galvutė

ducha higiénica

higieninis dušas

cuenco

praustuvas

cepillo para la espalda

nugaros plaušinė

jabón

muilas

gel de ducha

dušo želė

champú

šampūnas

manopla para baño

plaušinė

desagüe

kanalizacija

crema

kremas

desodorante

dezodorantas

espejo

veidrodis

espejo de maquillaje

veidrodėlis

máquina de afeitar

skustuvas

espuma de afeitar

skutimosi putos

loción para después del afeitado

losjonas po skutimosi

peine

šukos

cepillo

šepetys

secador para cabello

plaukų džiovintuvas

laca de peinado

plaukų lakas

maquillaje

makiažas

lápiz labial

lūpdažis

laca para uñas

nagų lakas

algodón

vata

tijera para uñas

žirklutės nagams

perfume

kvepalai

neceser

maišelis skalbiniams

taburete

taburetė

balanza

svarstyklės

bata de baño

chalatas

guantes de goma

guminės pirštinės

tampón

tamponas

compresa

higieninis įklotas

wáter químico

biotualetas

cuarto de los niños
vaiko kambarys

despertador
žadintuvas
animal de peluche
pliušinis žaislas
auto de juguete
žaislinė mašinėlė
sonajero
barškutis
casa de muñecas
lėlės namelis
obsequio
dovana

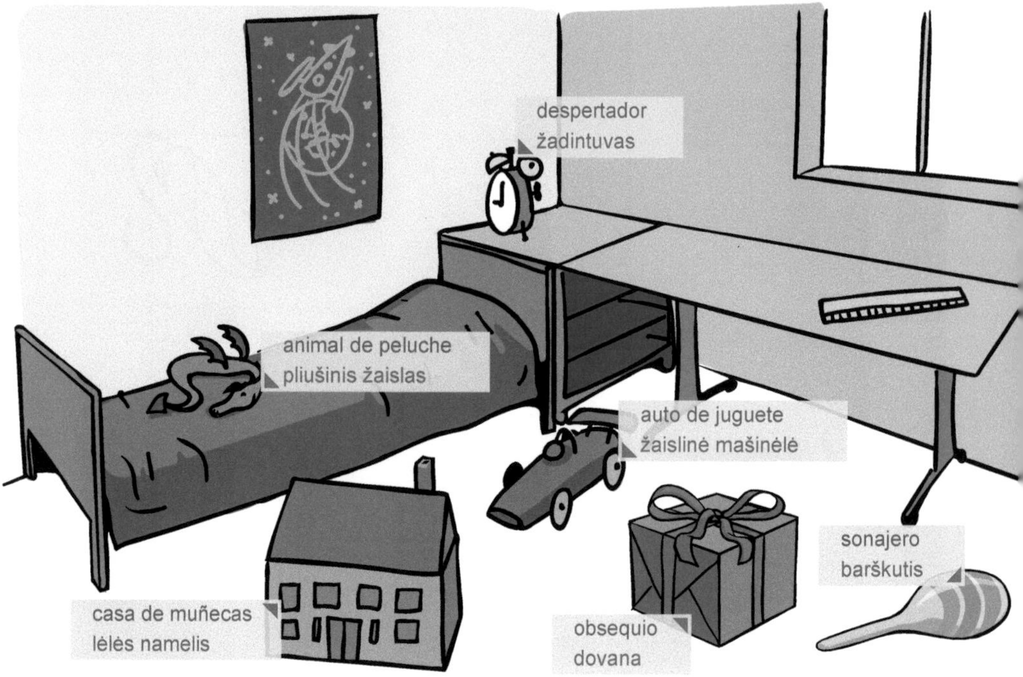

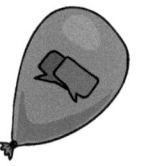

globo

balionas

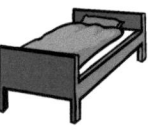

cama

lova

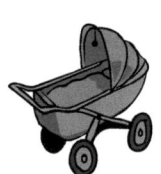

cochecito para niños

vaikiškas vežimėlis

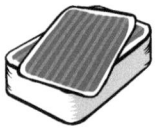

juego de barajas

kortų malka

rompecabezas

delionė

SUPER
MEGA

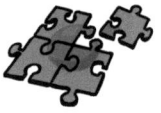

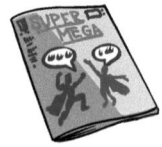

cómic

komiksai

piezas de Lego

lego kaladėlės

bloques para jugar

žaislinės kaladėlės

figura de acción

figūrėlė

pijama de una pieza

šliaužtinukai

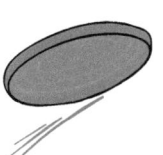

frisbee

mėtymo lėkštė

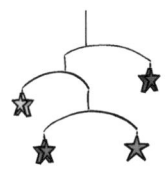

móvil

karuselė

juego de mesa

stalo žaidimas

dado

kauliukai

tren eléctrico a escala

žaislinis traukinys

chupete

žindukas

fiesta

vakarėlis

libro de dibujos

paveiksliukų knygelė

pelota

kamuolys

títere

lėlė

jugar

žaisti

arenero

smėlio dėžė

columpio

sūpynės

juguetes

žaislai

consola de videojuego

žaidimų konsolė

triciclo

triratukas

osito de peluche

meškiukas

guardarropa

drabužių spinta

vestimenta
drabužis

calcetines

kojinės

medias

kojinės virš kelių

panti

pėdkelnės

chal
šalikas

paraguas
skėtis

cinturón
diržas

camiseta
marškinėliai

deportivas
sportbačiai

botas
ilgaauliai batai

zapatilla
šlepetės

sandalias
sandalai

zapatos
batai

botas de goma
guminiai batai

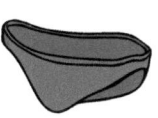
ropa interior
trumpikės

corpiño
liemenėlė

camiseta
liemenė

body

glaustinukė

pantalón

kelnės

jeans

džinsai

falda

sijonas

blusa

palaidinė

camisa

marškiniai

pullover

megztinis

sweater

megztinis su gobtuvu

blazer

švarkelis

chaqueta

švarkas

abrigo

paltas

impermeable

lietpaltis

traje chaqueta

kostiumas

vestido

suknelė

vestido de bodas

vestuvinė suknelė

traje
kostiumas

camisón
naktiniai marškiniai

pijama
pižama

sari
saris

pañuelo de cabeza
skarelė

turbante
tiurbanas

burka
burka

caftán
kaftanas

abaya
abaja

traje de baño
maudymosi kostiumėlis

bañador
glaudės

shorts
šortai

chándal
sportinis kostiumas

delantal
prijuostė

guante
pirštinės

botón

saga

gafa

akiniai

brazalete

apyrankė

cadena

vėrinys

anillo

žiedas

aro

auskaras

gorra

kepurė

percha

pakabas

sombrero

skrybėlė

corbata

kaklaraištis

cierre a cremallera

užtrauktukas

casco

šalmas

tiradores

breketai

uniforme escolar

mokyklinė uniforma

uniforme

uniforma

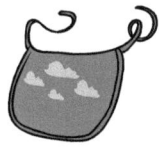

babero

seilinukas

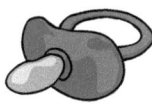

chupete

žindukas

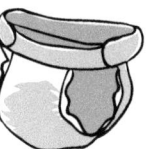

pañal

vystyklai

oficina
biuras

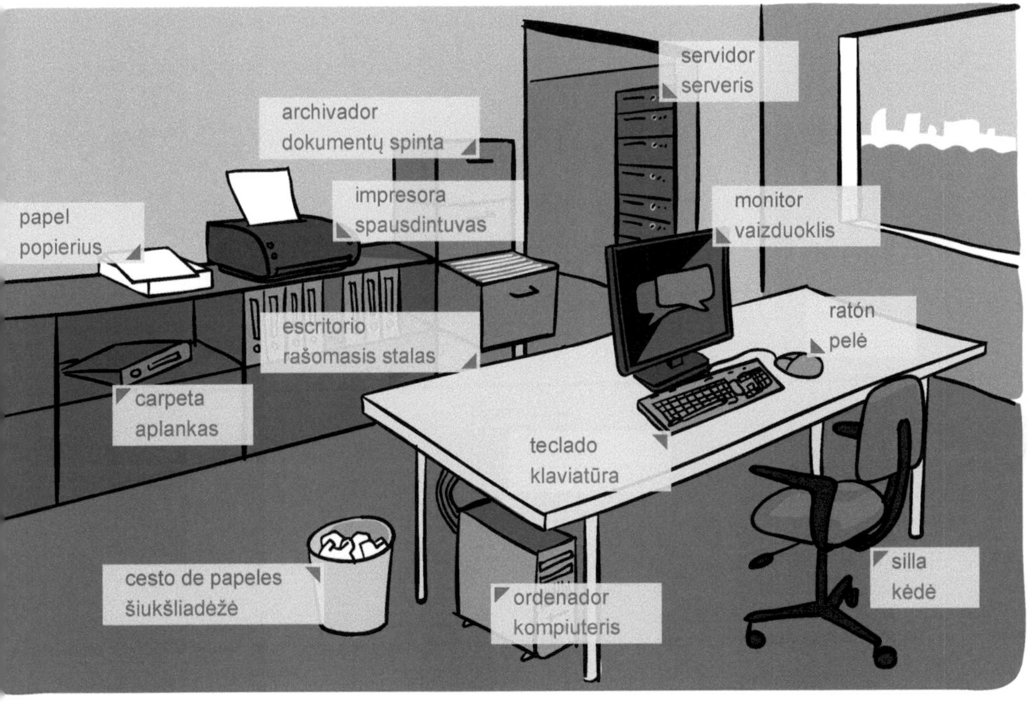
servidor
serveris
archivador
dokumentų spinta
impresora
spausdintuvas
papel
popierius
monitor
vaizduoklis
ratón
pelė
escritorio
rašomasis stalas
carpeta
aplankas
teclado
klaviatūra
cesto de papeles
šiukšliadėžė
ordenador
kompiuteris
silla
kėdė

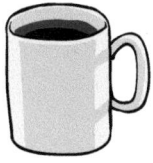

taza de café

kavos puodelis

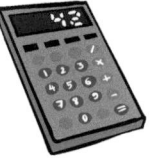

calculadora

kalkuliatorius

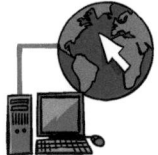

internet

internetas

laptop

nešiojamasis kompiuteris

carta

laiškas

mensaje

žinutė

teléfono móvil

mobilusis telefonas

red

tinklas

fotocopiadora

fotokopijavimo aparatas

software

programinė įranga

teléfono

telefonas

tomacorriente

kištukinis lizdas

máquina de fax

faksas

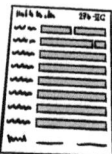

formulario

forma

documento

dokumentas

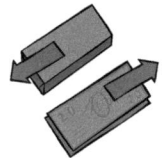

comprar
pirkti

pagar
mokéti

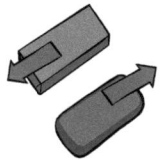

comerciar
prekiauti

dinero
pinigai

dólar
doleris

euro
euras

yen
jena

rublo
rublis

franco
Šveicarijos frankas

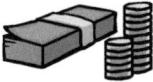

renminbi
juanis

rupia
rupija

cajero automático
bankomatas

casa de cambio

valiutos keitykla

oro

auksas

plata

sidabras

petróleo

nafta

energía

energija

precio

kaina

contrato

sutartis

impuesto

mokestis

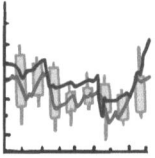

acción

akcijos

trabajar

dirbti

empleado

darbuotojas

empleador

darbdavys

fábrica

gamykla

negocio

parduotuvė

policía
policininkas

bombero
ugniagesys

cocinero
virėjas

médico
gydytojas

piloto
lakūnas

jardinero
sodininkas

carpintero
stalius

costurera
siuvėja

juez
teisėjas

químico
chemikas

actor
aktorius

conductor de autobús

autobuso vairuotojas

taxista

taksi vairuotojas

pescador

žvejys

mujer de la limpieza

valytoja

techista

stogdengys

camarero

padavėjas

cazador

medžiotojas

pintor

dailininkas

panadero

kepėjas

electricista

elektrikas

albañil

statybininkas

ingeniero

inžinierius

carnicero

mėsininkas

fontanero

santechnikas

cartero

paštininkas

soldado

kareivis

arquitecto

architektas

cajero

kasininkas

florista

gėlininkas

peluquero

kirpėjas

cobrador

konduktorius

mecánico

mechanikas

capitán

kapitonas

odontólogo

odontologas

científico

mokslininkas

rabino

rabinas

imam

imamas

monje

vienuolis

párroco

kunigas

herramientas
įrankiai

martillo
plaktukas
tenazas
replės
destornillador
atsuktuvas
llave de tuercas
raktas
lámpara de mes
suvirinimo apar

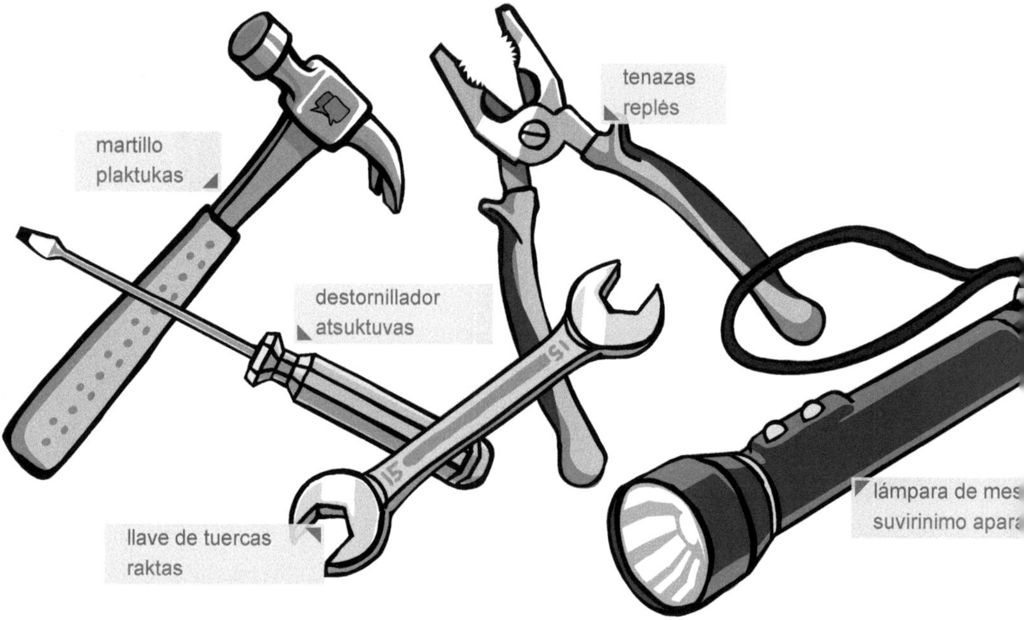

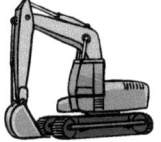

excavadora

ekskavatorius

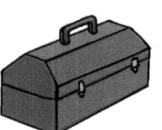

caja de herramientas

įrankių dėžė

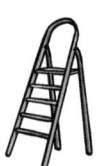

escalerilla

kopėčios

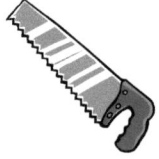

serrucho

pjūklas

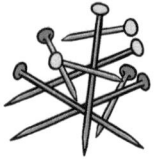

clavos

vinys

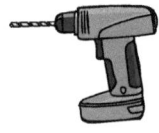

taladro

grąžtas

reparar
....
taisyti

pala
....
kastuvas

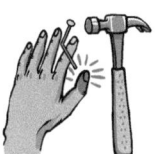

¡Maldición!
....
Velniava!

recogedor
....
semtuvėlis

lata de pintura
....
dažų skardinė

tornillos
....
varžtai

instrumentos musicales
muzikos instrumentai

batería
būgnų rinkinys

altavoz
garsiakalbis

guitarra
gitara

contrabajo
kontrabosas

trompeta
trimitas

piano

pianinas

violín

smuikas

bajo

bosinė gitara

timbales

timpanas

tambor

būgnai

teclado

sintezatorius

saxofón

saksofonas

flauta

fleita

micrófono

mikrofonas

instrumentos musicales - muzikos instrumentai

zoológico

zoologijos sodas

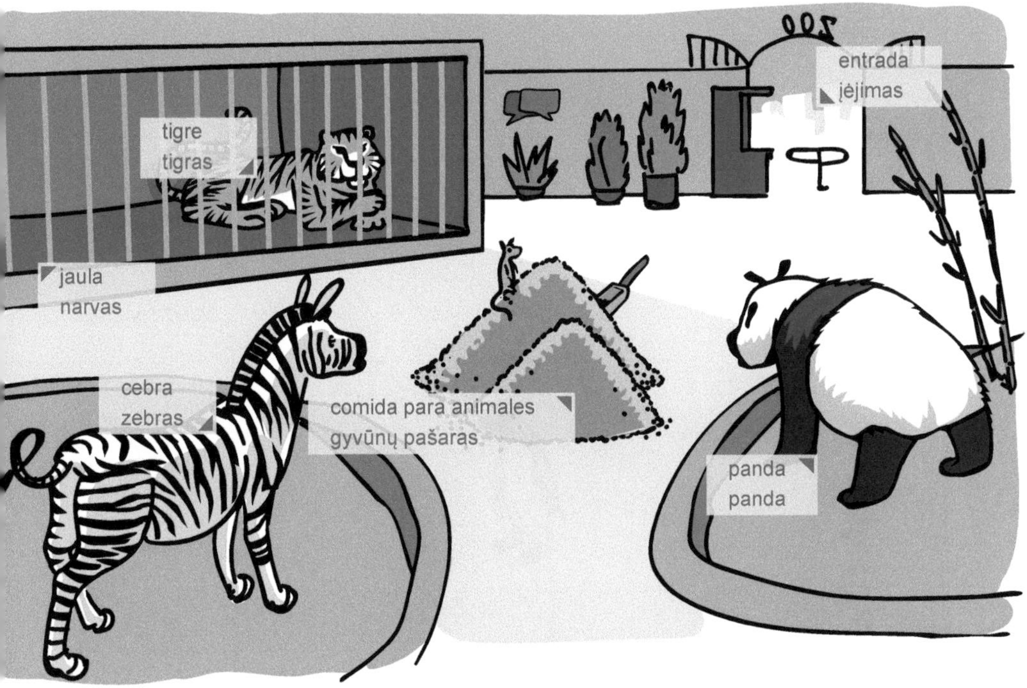

tigre
tigras
jaula
narvas
cebra
zebras
comida para animales
gyvūnų pašaras
entrada
įėjimas
panda
panda

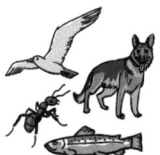

animales

gyvūnai

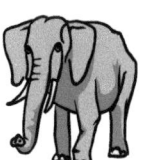

elefante

dramblys

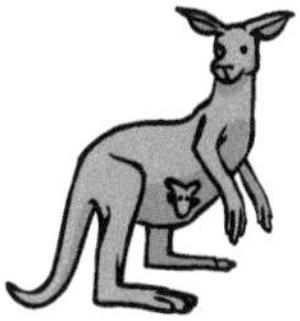

canguro

kengūra

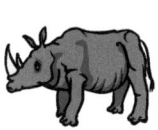

rinoceronte

raganosis

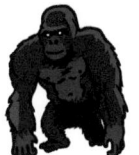

gorila

gorila

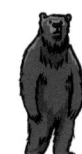

oso

meška

camello
kupranugaris

avestruz
strutis

león
liūtas

mono
beždžionė

flamengo
flamingas

papagayo
papūga

oso polar
baltoji meška

pingüino
pingvinas

tiburón
ryklys

pavo real
povas

serpiente
gyvatė

cocodrilo
krokodilas

cuidador del zoológico
zoologijos sodo prižiūrėtojas

foca
ruonis

jaguar
jaguaras

zoológico - zoologijos sodas

pony
ponis

leopardo
leopardas

hipopótamo
begemotas

jirafa
žirafa

águila
erelis

jabalí
šernas

pescado
žuvis

tortuga
vėžlys

morsa
vėplys

zorro
lapė

gacela
gazelė

fútbol americano
amerikietiškas futbolas

ciclismo
dviračių sportas

tenis
tenisas

baloncesto
krepšinis

natación
plaukimas

hockey sobre hielo
ledo ritulys

boxeo
boksas

fútbol
futbolas

badminton
badmintonas

atletismo
atletika

balonmano
rankinis

esquí
slidinėjimas

polo
polas

saltar
šokinėti

abrazar
apkabinti

reír
juoktis

caminar
vaikščioti

cantar
dainuoti

soñar
svajoti

rezar
melstis

besar
bučiuoti

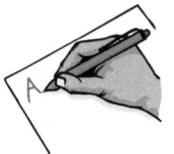

escribir
rašyti

dibujar
piešti

mostrar
rodyti

presionar
stumti

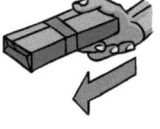

dar
duoti

tomar
imti

tener
turėti

hacer
daryti

ser
būti

estar de pie
stovėti

correr
bėgti

tirar
traukti

arrojar
mesti

caer
kristi

estar acostado
meluoti

esperar
laukti

llevar
nešti

estar sentado
sėdėti

vestirse
rengtis

dormir
miegoti

despertar
pabusti

mirar

žiūrėti

llorar

verkti

acariciar

glostyti

peinarse

šukuoti

conversar

kalbėti

entender

suprasti

preguntar

paklausti

oír

klausytis

beber

gerti

comer

valgyti

asear

tvarkytis

amar

mylėti

cocinar

gaminti

conducir

vairuoti

volar

skristi

navegar
buriuoti

calcular
skaičiuoti

leer
skaityti

aprender
mokytis

trabajar
dirbti

casarse
vesti

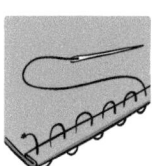

coser
siūti

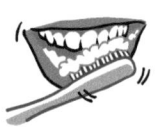

limpiarse los dientes
valytis dantis

matar
žudyti

fumar
rūkyti

enviar
siųsti

actividades - užsiėmimai

abuela
senelė

abuelo
senelis

padre
tėvas

madre
motina

bebé
kūdikis

hija
dukra

hijo
sūnus

invitado

svečias

tía

teta

tío

dėdė

hermano

brolis

hermana

sesuo

cuerpo
kūnas

frente
kakta
ojo
akis
cara
veidas
barbilla
smakras
pecho
krūtinė
dedo
pirštas
mano
plaštaka
brazo
ranka
hombro
petys
pierna
koja

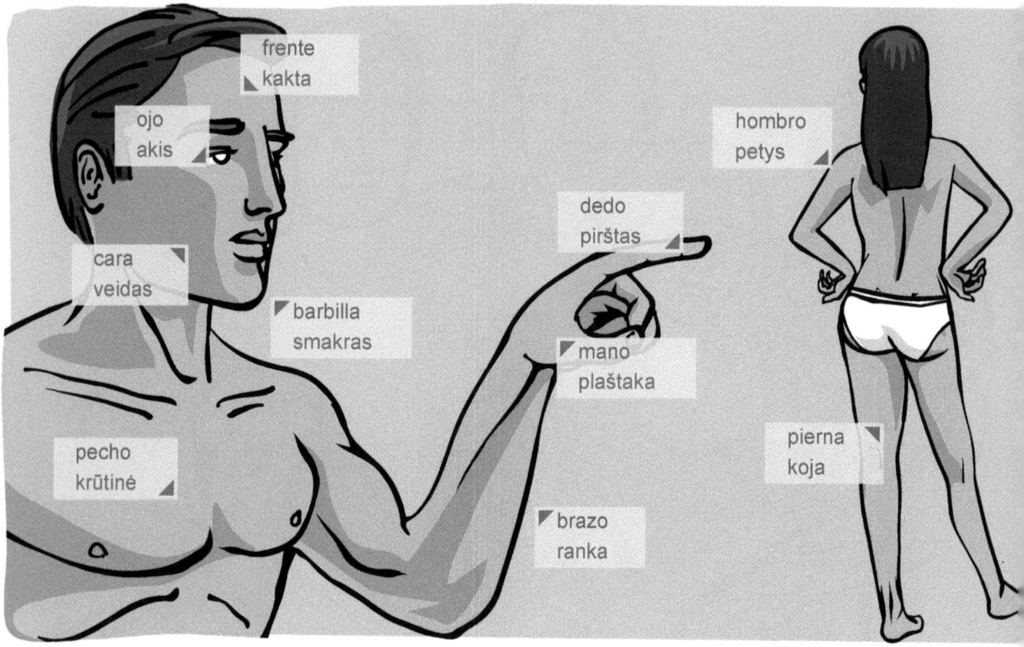

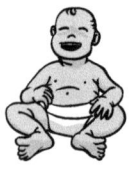

bebé

kūdikis

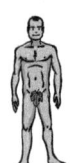

hombre

vyras

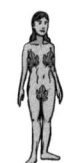

mujer

moteris

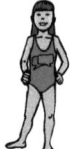

muchacha

mergaitė

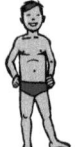

joven

berniukas

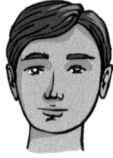

cabeza

galva

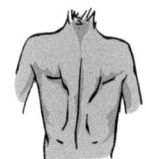

espalda
nugara

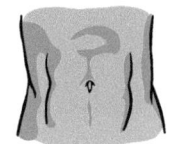

vientre
pilvas

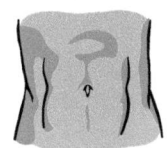

ombligo
bamba

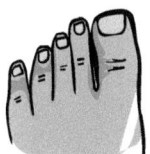

dedo del pie
kojos pirštas

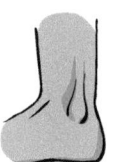

talón
kulnas

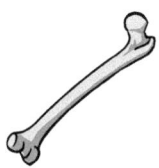

hueso
kaulas

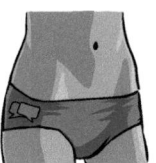

cadera
klubas

rodilla
kelis

codo
alkūnė

nariz
nosis

trasero
sėdmenys

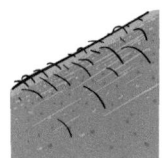

piel
oda

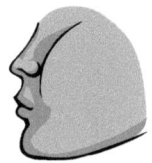

mejilla
skruostas

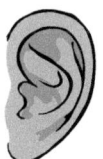

oreja
ausis

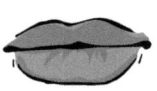

labio
lūpa

boca

burna

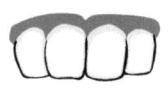

diente

dantis

lengua

liežuvis

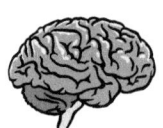

cerebro

smegenys

corazón

širdis

músculo

raumuo

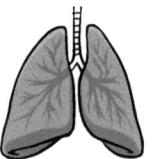

pulmón

plaučiai

hígado

kepenys

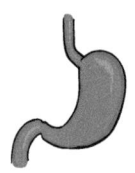

estómago

skrandis

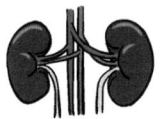

riñones

inkstai

relación sexual

seksas

condón

prezervatyvas

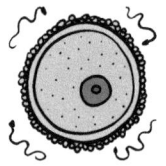

Óvulo

kiaušialąstė

esperma

sperma

embarazo

nėštumas

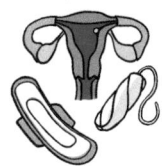

menstruación
menstruacijos

vagina
makštis

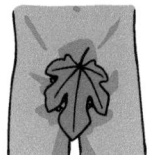

pene
varpa

ceja
antakis

cabello
plaukai

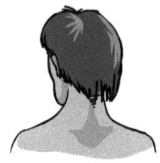

cuello
kaklas

hospital
ligoninė

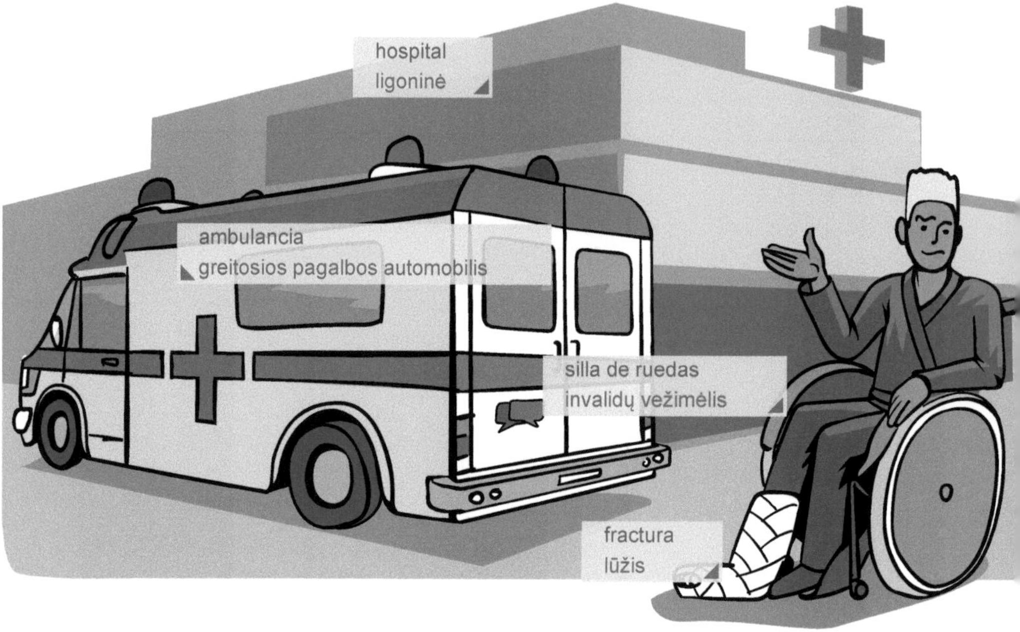

hospital
ligoninė
ambulancia
greitosios pagalbos automobilis
silla de ruedas
invalidų vežimėlis
fractura
lūžis

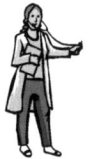

médico

gydytojas

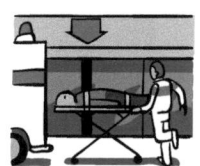

admisión de urgencia

skubios pagalbos skyrius

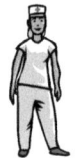

enfermera

slaugytoja

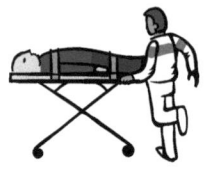

emergencia

nelaimingas atsitikimas

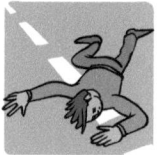

inconsciente

be sąmonės

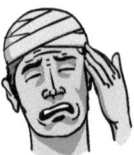

dolor

skausmas

lesión

sužalojimas

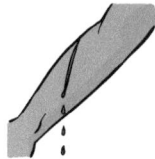

hemorragia

kraujavimas

infarto de miocardio

širdies smūgis

apoplejía cerebral

insultas

alergia

alergija

tos

kosulys

fiebre

karščiavimas

gripe

gripas

diarrea

viduriavimas

dolor de cabeza

galvos skausmas

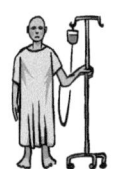

cáncer

vėžys

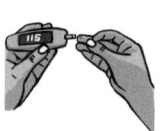

diabetes

diabetas

cirujano

chirurgas

escalpelo

skalpelis

operación

operacija

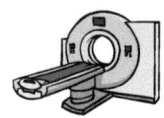

TC
KT

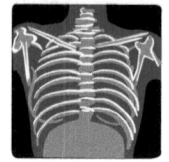

rayos X
rentgenas

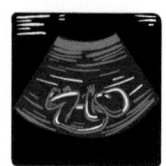

ultrasonido
ultragarsas

máscara
veido kaukė

enfermedad
liga

sala de espera
laukiamasis

muleta
ramentas

emplasto
gipsas

vendaje
tvarstis

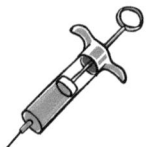

inyección
injekcija

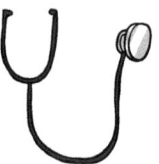

estetoscopio
stetoskopas

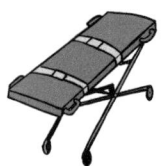

camilla
neštuvai

termómetro
termometras

nacimiento
gimimas

sobrepeso
antsvoris

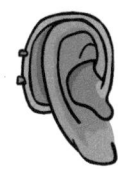

audífono

klausos aparatas

desinfectante

dezinfekavimo priemonė

infección

infekcija

virus

virusas

VIH / SIDA

ŽIV / AIDS

medicina

vaistas

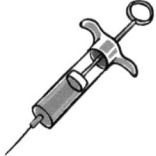

vacunación

skiepijimas

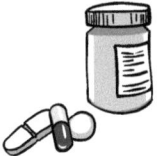

comprimido

tabletės

píldora anticonceptiva

piliulė

llamada de emergencia

skubios pagalbos numeris

medidor de presión arterial

kraujospūdžio matuoklis

enfermo / saludable

ligotas / sveikas

hospital - ligoninė

¡Ayuda!

Padėkite!

alarma

pavojaus signalas

asalto

užpuolimas

ataque

ataka

peligro

pavojus

salida de emergencia

avarinis išėjimas

¡Fuego!

Gaisras!

extintor

gesintuvas

accidente

nelaimingas atsitikimas

kit de primeros auxilios

pirmosios pagalbos rinkinys

SOS

SOS

Policía

policija

Europa

Europa

América del Norte

Šiaurės Amerika

América del Sur

Pietų Amerika

África

Afrika

Asia

Azija

Australia

Australija

Atlántico

Atlanto vandenynas

Pacífico

Ramusis vandenynas

Océano Índico

Indijos vandenynas

Océano Antártico

Pietų vandenynas

Océano Ártico

Arkties vandenynas

Polo Norte

Šiaurės ašigalis

Polo Sur

Pietų ašigalis

Antártida

Antarktida

Tierra

Žemė

país

sausuma

mar

jūra

isla

sala

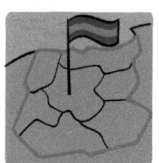

nación

tauta

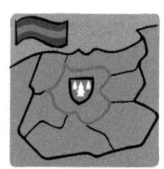

Estado

valstybė

cuadrante
ciferblatas

horario
valandinė rodyklė

minutero
minutinė rodyklė

segundero
sekundinė rodyklė

¿Qué hora es?
Kiek valandų?

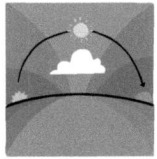

día
diena

tiempo
laikas

ahora
dabar

reloj digital
skaitmeninis laikrodis

minuto
minutė

hora
valanda

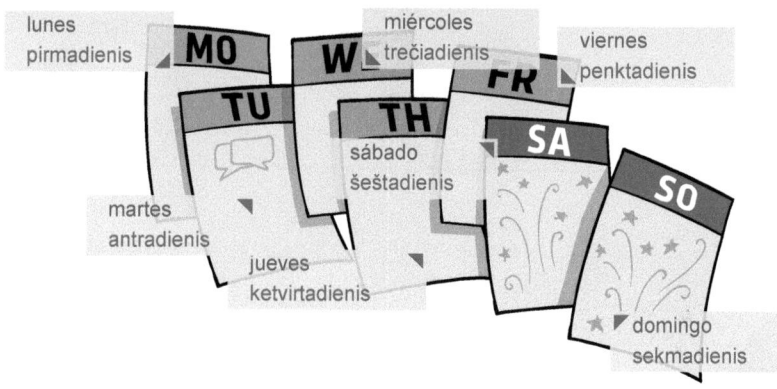

lunes
pirmadienis

miércoles
trečiadienis

viernes
penktadienis

sábado
šeštadienis

martes
antradienis

jueves
ketvirtadienis

domingo
sekmadienis

ayer
vakar

hoy
šiandien

mañana
rytoj

mañana
rytas

mediodía
vidurdienis

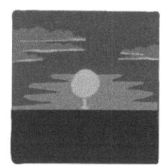

tarde
vakaras

MO	TU	WE	TH	FR	SA	SU
1	2	3	4	5	6	7
8	9	10	11	12	13	14
15	16	17	18	19	20	21
22	23	24	25	26	27	28
29	30	31	1	2	3	4

jornada de trabajo
darbo dienos

MO	TU	WE	TH	FR	SA	SU
1	2	3	4	5	6	7
8	9	10	11	12	13	14
15	16	17	18	19	20	21
22	23	24	25	26	27	28
29	30	31	1	2	3	4

fin de semana
savaitgalis

año
metai

lluvia
lietus
arco iris
vaivorykštė
nieve
sniegas
viento
vėjas
primavera
pavasaris
otoño
ruduo
verano
vasara
invierno
žiema

4.APRIL 11°
5.APRIL 4°
6.APRIL 13°
7.APRIL 8°
8.APRIL 10°

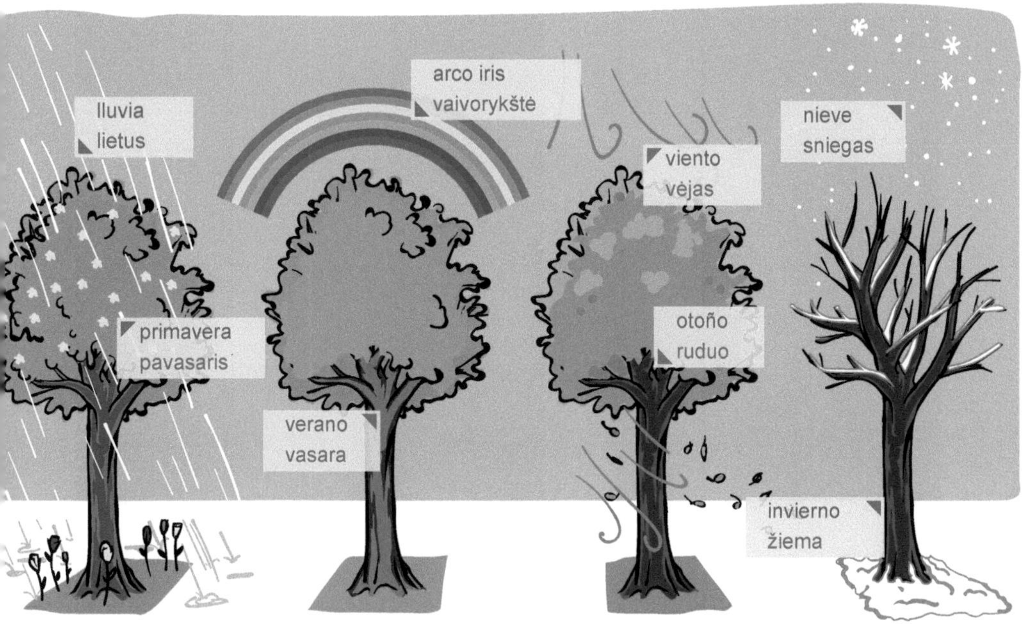

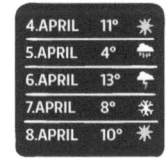

pronóstico meteorológico

orų prognozė

F
C
120
90
60
30
0
-30
40
30
20
10
0
-10
-20

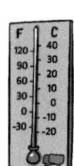

termómetro

lauko termometras

luz solar

saulės šviesa

nube

debesis

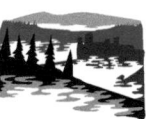

niebla

rūkas

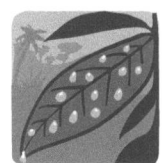

humedad ambiente

drėgmė

relámpago

žaibas

trueno

griaustinis

tormenta

audra

granizo

kruša

monzón

musonas

inundación

potvynis

hielo

ledas

enero

sausis

febrero

vasaris

marzo

kovas

abril

balandis

mayo

gegužė

junio

birželis

julio

liepa

agosto

rugpjūtis

año - metai

septiembre
rugsėjis

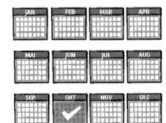

octubre
spalis

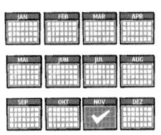

noviembre
lapkritis

diciembre
gruodis

formas
formos

círculo
apskritimas

cuadrado
kvadratas

rectángulo
stačiakampis

triángulo
trikampis

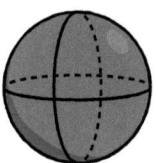

esfera
sfera

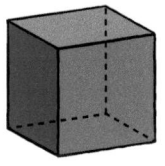

cubo
kubas

blanco
balta

amarillo
geltona

anaranjado
oranžinė

rosa
rožinė

rojo
raudona

lila
violetinė

azul
mėlyna

verde
žalia

marrón
ruda

gris
pilka

negro
juoda

mucho / poco

daug / mažai

enojado / calmado

piktas / ramus

bonito / feo

gražus / bjaurus

comienzo / fin

pradžia / pabaiga

grande / pequeño

didelis / mažas

claro / oscuro

šviesus / tamsus

hermano / hermana

brolis / sesuo

limpio / sucio

švarus / purvinas

completo / incompleto

užbaigtas / neužbaigtas

día / noche

diena / naktis

muerto / vivo

miręs / gyvas

ancho / angosto

platus / siauras

disfrutable / no disfrutable
....
valgomas / nevalgomas

malo / amigable
....
piktas / malonus

excitado / aburrido
....
linksmas / nuobodus

gordo / delgado
....
storas / plonas

primero / último
....
pirmiausia / paskiausia

amigo / enemigo
....
draugas / priešas

lleno / vacío
....
pilnas / tuščias

duro / suave
....
kietas / minkštas

pesado / liviano
....
sunkus / lengvas

hambre / sed
....
alkis / troškulys

enfermo / saludable
....
ligotas / sveikas

ilegal / legal
....
nelegalus / legalus

inteligente / tonto
....
protingas / kvailas

izquierda / derecha
....
kairė / dešinė

cercano / lejano
....
arti / toli

opuestos - priešingos reikšmės žodžiai

nuevo / usado

naujas / naudotas

nada / algo

niekas / kažkas

viejo / joven

senas / jaunas

encendido / apagado

įjungta / išjungta

abierto / cerrado

atidaryta / uždaryta

bajo / fuerte

tylus / garsus

rico / pobre

turtingas / vargšas

correcto / incorrecto

teisus / neteisus

áspero / liso

šiurkštus / švelnus

triste / alegre

liūdnas / laimingas

breve / extenso

trumpas / ilgas

lento / veloz

lėtas / greitas

mojado / seco

drėgnas / sausas

caliente / frío

šiltas / šaltas

guerra / paz

karas / taika

0

cero

nulis

1

uno

vienas

2

dos

du

3

tres

trys

4

cuatro

keturi

5

cinco

penki

6

seis

šeši

7

siete

septyni

8

ocho

aštuoni

9

nueve

devyni

10

diez

dešimt

11

once

vienuolika

12

doce
....
dvylika

13

trece
....
trylika

14

catorce
....
keturiolika

15

quince
....
penkiolika

16

dieciséis
....
šešiolika

17

diecisiete
....
septyniolika

18

dieciocho
....
aštuoniolika

19

diecinueve
....
devyniolika

20

veinte
....
dvidešimt

100

cien
....
šimtas

1.000

mil
....
tūkstantis

1.000.000

millón
....
milijonas

inglés
anglų

inglés estadounidense
amerikiečių anglų

chino mandarín
kinų (mandarinų)

hindi
hindi

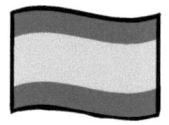

español
ispanų

francés
prancūzų

árabe
arabų

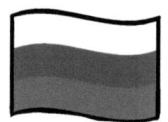

ruso
rusų

portugués
portugalų

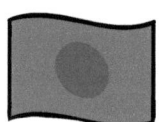

bengalí
bengalų

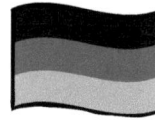

alemán
vokiečių

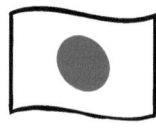

japonés
japonų

yo

aš

tú

tu

él / ella

jis / ji

nosotros

mes

vosotros

jūs

ellos

jie

¿quién?

kas?

¿qué?

ką?

¿cómo?

kaip?

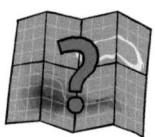

¿dónde?

kur?

¿cuándo?

kada?

nombre

vardas

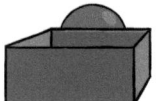

detrás

už

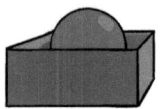

en

kur (vieta)

delante de

priešais

encima de

virš

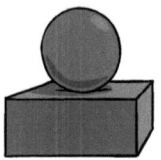

sobre

ant

debajo de

po

junto a

prie

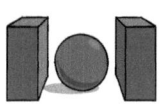

entre

tarp

lugar

vieta